Quadripartida

PATRÍCIA PINHEIRO

Poemas

Ilustrações Marcos Garuti

2ª edição, São Paulo, 2021

LARANJA ● ORIGINAL

A Beatriz e Geraldo,
que me deram todas as palavras.

PREFÁCIO

Bruno Autran Pereira

Quando conheci Patrícia Pinheiro e sua poesia, observei quase de imediato que esta era genuinamente extensão de sua criadora. Sua obra transborda luz, é esplêndida nas imagens e contempla transpassar o infinito, mas também oscila entre explosão e paz onírica.

Como indivíduo e mulher, a poeta transmite contagiante entusiasmo de uma energia jovial e uma timidez arrojada, ao mesmo tempo em que transporta para sua arte serenidade e equilíbrio.

Seus poemas vão de uma sensualidade real ao mais abstrato emocional sem perder o traço e os contorno da paixão, captando imagens de sutil elegância inspiradas pela sua visão pessoal da realidade.

Convido o leitor a tecer a sua própria intimidade diante deste livro ao se aventurar penetrando na obra de Patrícia. Sua vasta imagística busca juntar dispersão e espaço, o limite e o infinito, levando para o leitor o profundo horizonte experiencial da poesia.

Em época de violências mudas e catástrofes do embotamento, falar de forma mítica e bela pode parecer inconveniente, até mesmo uma provocação escandalosa. Exatamente por esse motivo que a poesia é o extremo oposto da realidade que temos de enfrentar.

Abra o livro e faça a suspensão do tempo.

Ser uma mulher é ser muitas.

Aqui, trago quatro delas:
a das possibilidades e impermanências suspensas no ar;
a da sensibilidade latente que escoa pelos olhos;
a da chama vermelha que vibra, direciona e devora;
a das certezas e raízes que antecedem qualquer voo.

I. Ar

Dou de beber
ao passado
e recordo
que doer é finito
e que viver
não passa de
assoprar velas coloridas
de impermanência.

Nas noites impossíveis,
inquietantes,
perfuro camadas e mais camadas
de universo
e me pergunto em qual estrela
descansam os teus olhos.

Ando por aí
me sentindo pequena,
revisitando coragens que expiram antes dos passos,
clamando por vidas que me olhem
com a mansidão de quem conhece minhas dores
e com a admiração que se faz escada
até onde moram os meus sonhos.

Para quem vive tudo tão intensamente,
é difícil fazer as pazes com as expectativas
e encontrar um lugar seguro entre a paralisia e a euforia
para se deixar florir.

Há sempre muito
que me escapa,
que escoa
pelas frestas do medo,
que se dissipa nas fugas da ansiedade.

Há sempre muito
que não alcanço,
que dança em altitudes
invisíveis aos meus olhos de adulta.

Mas há sempre o pouco que eu capto,
que eu deliro,
e que é substância na qual eu me agarro
até que as palavras me encontrem.

Me perdoa se eu vacilo,
se eu fraquejo
– repito a mim mesma –,
se eu conheço
o que abraça
o âmago
e incinera
quase tudo
que dói,
mas me jogo
em placebos
e atalhos
que entorpecem
a intuição
e não me permitem
enterrar
o que já morreu.

Eu me descuidei
da matemática
dos teus anos.

Quando me perguntam
com que idade
tu viraste
poeira estelar
e deixaste
de segurar minhas mãos
assustadas e incompletas,
eu tento fazer as contas
e me distraio.

Acho que eu fingi
que os caminhos
não te roubaram
antes
de eu estar pronta;
que ainda não
restariam muitas partes de mim
que necessitariam do teu colo.

Mas eu entendo.
Eu aceito.
Eu prossigo.
E te abraço
e te conto sobre
o que eu descobri

sobre o mundo
quando te sonho.

Só não me peças
para lembrar
há quantos invernos
tu não respiras
porque nem meus pulmões
se acostumaram
com estes cômodos
que nunca mais
estarão impregnados
do cheiro
do teu cigarro preferido.

Dentre toda a tralha,
os traumas,
as defesas,
dentre todos os signos
que incorporei
e os estereótipos
que comprei
para tolerar existir,
o que terá sobrado
de mim?

O que
ilusoriamente
me sustenta
se alimenta
do meu inato
desejo de voar.

Visito teu nome
na alquimia das horas;
no que só se vê
através de olhos mágicos.
Visito teu nome
e te peço que devolvas
um pouco de mim
a cada vez
que eu te deixar ir.

Tudo gigante,
acelerado,
polarizado,
e eu aqui,
miúda,
passageira,
esparsa,
alucinando cores
para significar
os dias.

Eu secretamente
desejo
todos os dias
que, por dor
ou insistência,
essa máscara finalmente se rompa
e eu volte a enxergar
com os olhos de dentro.

Por hoje,
vou descansar
os joelhos gastos,
as projeções roídas
pela realidade,
as saudades
aprisionadas nas veias.

Vou descansar
dessa capa que eu visto
e que pesa toneladas
de todas as vidas
que eu não vivo.

Pai,
daqui,
onde nomeiam dias
para celebrar teus passos,
onde faz domingo
e eu não alcanço teus braços;
daqui,
eu fecho os meus olhos
e te sei em mim.

Lunática:
minguo;
divago;
cresço.

Celebro tua existência na fidelidade aos livros.
No amor à escrita.

Celebro tua existência nos almoços – agora improvisados –
de domingo.
Na cerveja gelada que alargava
teu sorriso.

Celebro tua existência na saudade cortante
de tudo aquilo que se apagou naquela esquina de Santa Maria.

Celebro tua existência ao tentar olhar para a minha
com teus mesmos olhos transbordantes de amor.

Quando a vida virou uma música
que só poderia ser dançada
na companhia de seus piores fantasmas,
ela enfim compreendeu que a paz
que tanto temia não encontrar no desconhecido,
mora, na verdade, dentro dela,
e fez o coração prometer às asas
que nunca mais seria gaiola de seus voos.

Se eu corro, corro,
mas os meus pés
sempre parecem dançar
a cinco passos
simbólicos
do abismo;

se eu medito
e me interrogo
e tenho coragem
de bancar as respostas
e ainda sim
me entram coisas
densas demais
pelas fendas
expostas
das feridas;

se eu semeio fé
e arranco ervas daninhas
das unhas
sempre
antes de dormir
mas a ausência de vigília
inaugura portais assombrados;

se eu flerto com a insanidade;
se meus amores são simbióticos;
se a felicidade me desconjunta

e a dor alucinante de existir
arrepia todos os meus órgãos,
que ao menos da engrenagem poética
destas mãos
nunca parem de escoar
tesouros.

II. ÁGUA

Onde eu me afogo,
me curo.

É na superfície
que respiram
os meus fantasmas.

Pousou um fio de luz nos teus olhos
e eu o senti
incinerar os mapas
enquanto nossos músculos
coreografavam primaveras.
Na beira das revelações,
foste sustento
a dar-me voz às constelações adormecidas.
Nossas peles engoliram fronteiras,
inauguraram idiomas
e hoje eu sei
que o céu nos testemunha,
os caminhos nos revelam,
nos convocam,
para, quem sabe,
dessaber de outras escolhas.
Na ponta de cada laço de sol
existe um convite para receber
a elegância dos teus abraços.
E os prenúncios das tuas chegadas
reabrem poros místicos.
Devia ter mesmo asas.
É exatamente por isso,
esse não saber;
esse vai ou não vai
em que só sobrevoamos,
só sentimos o beijo,
os lábios,
com teu cheiro a deslizar em minha boca

toda desenhada nas curvas do teu pescoço.
Tu decidiste não atravessar a margem,
mas o carinho e a ternura
talvez desenhem
nossa mais bonita possibilidade
de permanecermos feito riacho
onde o amor não se fixa
mas encontra um leito seguro para fluir.

com Fernanda Fraga

Dia desses, foi o Dia da Saudade.
Senti necessidade de falar sobre a minha. Aquela para a qual
eu sempre volto. Aquela que busca morar nas palavras para
desafogar o meu peito.

Ontem, sonhei contigo. Teus olhos me fitavam com a mesma
pureza que ainda não tive a sorte de testemunhar em outra
íris. E eu senti saudade de ti. Sempre que sonho contigo, a
saudade me atravessa.

Mas, curiosamente, eu senti, também, saudade de mim.

Saudade de quem eu era quando o som das nossas gargalhadas
se misturava; quando tu assopravas velas e feridas; quando
minhas mãos ainda te alcançavam.

Desde então, já me desconstruí e reinventei muitas vezes.

Mas sinto falta de me ver pelos teus olhos.

Contigo aprendi que meu reflexo mais fiel estará sempre
estampado nos olhos daqueles que me olham com amor.

Hoje ela deitou e desejou que a
noite lhe emprestasse a infância,
apenas para que suas dores
ganhassem colo
e o conforto a amanhecesse
novamente certa
das paisagens que moram atrás do
desembaçar constante
das janelas de sua vida.

Há o pranto entalado na garganta
bagunçando o meu tom de voz.
A necessidade do toque demorado
endurecendo minha derme.
A nostalgia me distraindo das
borboletas.
Eu escrevo para não esquecer de
sonhar.

Sobre o trajeto,
mentiria se dissesse que antecipo a espessura dos meus calos e
os segundos que antecedem os abismos;
que prevejo as tempestades e sei me ser abrigo antes que elas
desaguem pelos olhos;
que confio nas direções que apontam meus mapas rasurados
pelo desencanto.

Eu me atrapalharei ao distribuir corretamente o fôlego,
correrei maratonas num dia,
e, noutro, estarei ocupada dando colo à melancolia.

Carregarei, por vezes, bagagens
que nem são minhas,
resistentes que são meus ombros em aprender a descartá-las.

Mas sei que nunca faltará poesia nos meus pulmões,
que minhas retinas serão sempre fiéis fabricantes de milagres
e minhas mãos se entrelaçarão por inteiro
àquelas dos que escolheram caminhar ao meu lado.

Quando tudo é dor
o que me ajuda a respirar
é a lembrança dos jardins
que já floresceram
no concreto do meu peito.

Decidi ler para o meu terapeuta, em uma de nossas sessões, um texto meu. O texto falava sobre a minha mãe.

Após concluí-lo, com os olhos cheios d'água, ele disse: "A sensação que eu tenho é a de que esse texto preencheu a sala inteira".

Preencher espaços: não será esse um dos papéis mais bonitos que a escrita desempenha?

Porque sempre há aquilo que é dolorido demais, bonito demais, confuso demais para ser elaborado em voz alta.

E escrever é antes contemplar.

Deixar as ideias de molho nos sentimentos.

Distanciar-se das linhas de chegada e dos mecanismos repetitivos inerentes a elas e preocupar-se apenas em estar; em olhar de fora pra dentro, com os sentidos aguçados.

É do tempo que dedico observando carinhosamente o que o mundo inscreve em minhas células,
que me nascem, bonitas, pelas mãos, as palavras.

Eu nem sempre sei
como repousar
de feridas ancestrais,
e a corda tem sido
bamba demais
para estes pés
que colecionam
mais calos
que sementes
de equilíbrio.
Mas enquanto houver
esses olhos ternos na plateia,
saberei que qualquer queda
é apenas mais um atalho somático
até teu peito.

Me deixa,
só por mais cinco minutos,
morar em meus sonhos...
pois é apenas quando habito
na certeza sinestésica
de um você
que ser eu
não se faz tão dolorido.

Carregar alguém
no peito
pode custar noites
de sonhos lúcidos,
invernos
sem incêndios
nos olhos
e uma vida inteira
de meias entregas.

A doída
e estúpida
insistência
em extrair
algo luminoso
e curativo
de quem
nunca nem soube
olhar para as minhas cicatrizes
com amor.

Se tu não estivesses
aqui,
atravessado na garganta,
engessado nas paredes,
incrustado na memória,
talvez me faltasse
o lirismo
que aprendeu
a ser palavra
somente para cultuar
o teu nome.

Eu sei
que os domingos
também te chegam
com um gosto azedo
de passado,
com um nó
nos pulsos
e nuvens carregadas
nas pálpebras.
Eu sei que há tantas coisas
trancafiadas
nas veias
que emergem
quando nos distraímos
das repetições.
Eu conheço
o que resseca
e o que colore
tuas pétalas
e queria
ser a luz
e o ar
que vestem
teus renasceres.

Eu queria
mergulhar os pés
naqueles sonhos bons
em que a gente
voa no mar
e nada nas estrelas
e nem por um segundo
desperdiça magia
pisando nos cacos
do que é real.

É que é,
ao mesmo tempo,
devastador
e bonito
ser dona
deste coração
alinhavado
e comovido.

Persisto atenta,
elaboro,
crio,
preencho.
Mas há dias
em que não caibo em mim,
em que se solidificam
no peito
a saudade,
a angústia,
o medo
de encarar o vazio,
e o que permanecia
incubado
escoa
torrencialmente
pelos olhos.

O desejo de existir
noutro lugar
em que os egos
briguem menos
e as almas
saiam para brincar.

Eu já não sei
se o que me inunda
é real
ou fabricado
por estes olhos nublados.

Vê,
aqui,
há noites
em que me desconheço.
Há floresceres que
eu desperdiço
na ânsia de calcular os passos.

Cuida dos meus olhos
enquanto me for escuro
realocar desejos
nas paredes do coração?

Eu já havia me despedido do teu riso,
da tua perspicácia,
da tua forma torta de demonstrar amor.
Mas te deixar ir é como me afogar.
É abdicar de uma ponte que conduz ao que já fui
e temer que faltem raízes
para nutrir minhas asas.

Para você, cujos olhos eu enxergo a cada vez que me olho no espelho.

Para você, que vibrou com meus primeiros passos e hoje não mais anestesia minhas quedas.

Para você, pai, tento, sem muito sucesso, encontrar palavras que dimensionem e aliviem a saudade que não é pouca.

A saudade do teu riso de criança ecoando pelos cômodos da nossa casa amarela.

A saudade do barulho da TV ligada pelas madrugadas, que velava meu sono ao sinalizar tua presença.

A saudade dos dedos com cheiro de bergamota. Do peito que se fazia travesseiro para meus sonhos de criança. Da pele cujo cansaço já desenhava marcas.

Ainda é, por vezes, dolorido conquistar o mundo e não receber teu sorriso orgulhoso como recompensa.

É dolorido conhecer e amar novas pessoas para quem só conseguirei mostrar a beleza da tua existência através de fotografias e histórias.

É dolorido existir num mundo que nos arranca precocemente justamente aqueles que nos curam de existir.

Mas toda a dor que mora na saudade é, também, testemunha da minha infinita capacidade de sentir amor. E isso é bonito.

Teus olhos
já não me refletem:
são de anjo da guarda.
Os meus,
ainda que não percam brilho
pros dias cinzas,
chovem de saudade
a cada vez que recorrem
à memória
pra te encontrar.

Navegarei por entre
teus átrios,
atracarei meus ouvidos
nos teus ventrículos.

Serei devota
de todo o universo
que pulsa
dentro do teu peito.

Eu tenho medo
que a gente se acostume.

Que os ruídos,
os gestos,
os semblantes
não sejam mais
atalho para as nuvens.

Que nosso olhar
um para o outro
seja enviesado,
e que as biografias
tropecem nas diferenças
e se machuquem.

Eu tenho medo que o mundo seja tão grande
que, sedentos por desbravá-lo,
nos esqueçamos de cultivar constelações
no teto do nosso quarto.

Nos segundos que antecedem o sono,
a criança que ainda me habita
tece preces pelos teus olhos.
Ela adormece e flores nascem
onde quer que eles pousem.

Eu quero descansar do
peso de sentir sem conotação,
de abraços que não regeneram
e dos excessos que moram em mim
desde que teu nome
passou a ser apenas um eco.

Hoje, novamente,
tu foste protagonista
dos meus sonhos,
e, embriagada de memórias,
despertei para um mundo
que grita teu nome a cada esquina,
mas não mais te abriga
de forma que minhas mãos
possam tocar.

O que machuca
nem sempre é a despedida,
mas a ressaca dos mergulhos rasos
quando o corpo implora para se afogar numa vida
e respirar poesia.

Desde que sou,
só sei ser à flor da pele.
Sonho com mundos
em que posso ser poesia,
e então as escrevo
para me salvar de mim mesma.

Eu choro os bares,
as avenidas
e o inverno precoce
que nasce aqui dentro.
Eu choro
os trejeitos,
as vestes
e o cheiro cinzento
que tem a falta.
Eu choro as sementes,
as pragas
e as três vogais
poéticas
que me costuravam
teu nome.

Quando você chegou
era outono
mas do desenlace lento
e séptico
das mãos
se fez inverno.
E eu até tenho sorrido.
O meu dente de ouro
relampeja na rosada escuridão
da boca, dizendo:
assim tinha de ser.
Meus olhos,
no entanto,
miméticos
dos teus,
latejam as memórias
embutidas dos dias,
aliciam tempestades cármicas
e anoitecem
um pouco
a cada
plural rasurado
das folhas secas
do calendário.

com Bruno Autran Pereira

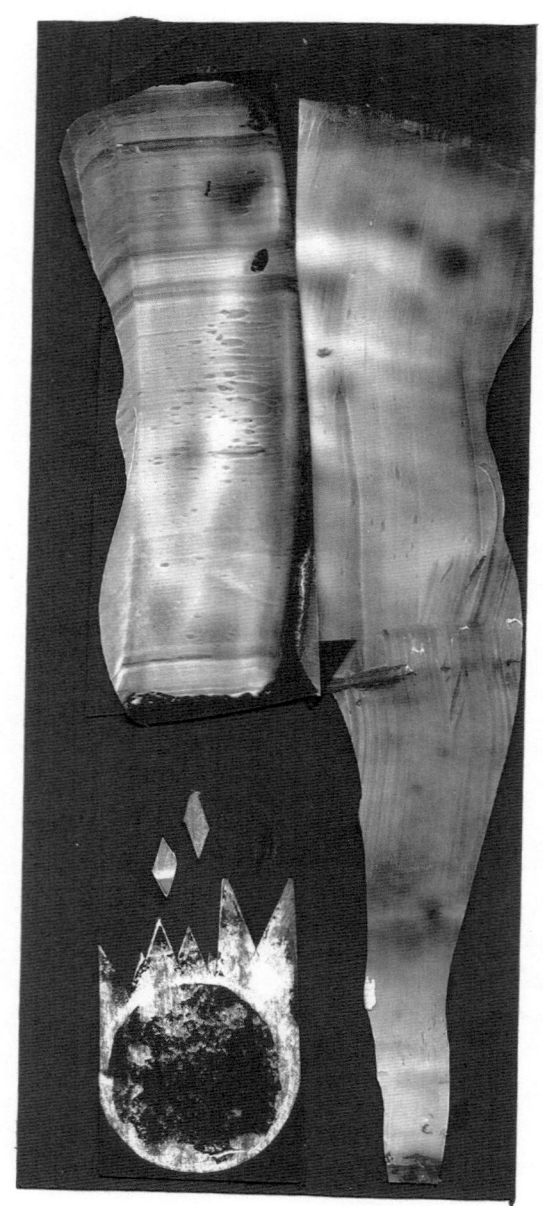

III. FOGO

Há imunidades
que não pretendo
adquirir.
Os excessos
que me custam
quedas
são os mesmos
que me permitem
flutuar.

Ser muitas
e descobrir
o que acalma
e o que revoluciona
cada uma delas.

Vem,
deita aqui,
e me cura
de todos esses dias
sem tua língua
constelando milagres
no céu da minha boca.

Te procuro
nos becos sem saída,
no meio-fio solitário
dos poetas,
em todos os meus verbos
invertebrados.
Te procuro
e te imploro
por um peito limpo
de passado
que me acolha
e injete vida
nestes músculos
amorfos
de sentido.

Sou infinita
a cada vez que
minha essência
tropeça em fragmentos
que a despertam.

A cada vez que,
ao descansar na certeza de ser amada por si só,
ela floresce.

Podemos, só por hoje, esquecer o mundo lá fora?
Esquece a louça,
a roupa suja,
o trânsito,
o compromisso de amanhã.

Olha pra mim,
mas olha mesmo,
como se nunca mais
eu fosse a luz a descansar na tua retina.

Como se nunca mais
eu fosse a mão que sempre escolhe segurar a tua
no meio da multidão.

Me engole com tudo que em ti for sede,
me abraça com tudo que em ti for ternura,
me ama com tudo que em ti for amor,
porque, hoje, eu preciso da tua plenitude
para deixar respirar a minha.

Amor de verdade
é morfina;
anestesia o peito,
me cura da rotina.

Sustenta
meus sentidos
com a ponta dos teus dedos.
Venera,
ainda que com verdade ébria,
os meus percalços,
os meus traumas
travestidos de esperança.
Sonha com os meus átomos
te devorando
pelas madrugadas
e anestesiando
com um beijo
todas as tardes
imensas
de domingo.

Naquele quarto,
no limbo,
bem no meio
entre o que eu sou
e o que gostaria de ser,
te escancarei a alma
na esperança de que tu
dedilhasses
uma por uma
destas cordas vocais
roucas
de desejo.

É na sutileza do toque
que as verdades subcutâneas
emergem
e dançam,
cruas,
nos braços da poesia.

Difícil falar
sobre o que eu recalco,
sobre o que eu escondo,
involuntariamente,
atrás desta derme
cansada.
Mas se tu me vens
inteiro
com essas mãos
curiosas
e hábeis
eu juro
que te molho
todos os caminhos.

É te ter
aqui dentro
e eu já nem sei mais
quantas sou.

Sei lá,
me chupa
e suga todas
as minhas neuroses.
Descasca
cuidadosamente
os meus bloqueios
até alcançar
o núcleo do meu prazer.
Goza tuas preces
na minha pele
e deixa eu dançar, inteira,
em cima de tudo aquilo
que te preenche.

Eu gosto
do gosto
dos teus líquidos
misturados
com os meus
e de tudo o que fazem
sonhar em mim
as tuas mãos.

A arte nos alcança
na euforia
e na desesperança;
no ápice
dos sonhos bons
e na angústia
de contemplar
o que é vazio.
Ela nos toca
e escapa
pelos poros
dando lugar
no mundo
a tudo aquilo
que é urgente
e não tem nome.

A gente pode
se despir
de tantas formas diferentes.
Eu quero a leveza
de apenas estar.
Quero olhos carinhosos
e famintos
que percorram
os meandros
da alma
e extraiam
poesia
exatamente
do que eu não digo.

Estaciona aqui,
comigo,
no agora.
Descansa as pupilas
nessa noite infinita.
Contempla as estrelas cadentes
nascendo da minha boca.
Não deixa esvair
essa vidência,
essa completude,
essa certeza de que somos mágicos.
Devora minhas sílabas,
meu semblante,
minha sensibilidade,
e, em cada amanhã,
me desperta
com tudo aquilo que do amor
for fruto.

Que eu esteja atenta
ao que me devolve ao lúdico;
ao cordão umbilical
de toda a poesia.
Que meu corpo seja multilíngue.
Que minhas mãos se sujem de arco-íris
e transcrevam
a matéria prima das estrelas.

Recorto as horas;
intimizo as melodias;
transcrevo os furacões.

Há excesso
de alma
no cosmos
do meu prazer.

Sou essa
que coleciona tempestades.
Que transita por entre dimensões
e obedece aos ciclos
da pele.
Sou essa
cuja fome
viceja jardins.

Abstinência:
tua falta
é excesso
de presença
na mente que atravessa os dias
a te esperar.

Persigo aquilo
que faz meu coração bater
mais forte,
depois meço as consequências.

Repouso minha pele
e meu cansaço
em tudo aquilo
em que morar a espontaneidade.

Fico de pés descalços
e danço a melodia do momento,
ainda que não vire canção.

Quando se trata de amor,
me contento em continuar sendo
apenas uma amadora.

O que se abre,
se grita,
se chora,
se sua,
já é exorcismo.
Já é cura.

Você é o frio na barriga
e a cura da minha náusea.

Você é minha euforia
e o tédio de que nasce toda poesia.

Você é meu penhasco
e a mão que sustenta meus dias.

Seu corpo é o meu veneno
e o templo que me cura de existir.

Cansei de ser inverno.
Agora todos verão
o desabrochar de minhas pétalas
refletido no outono
dos teus olhos.

Recatada e do lar;
Extravagante e do mundo.
Ainda mais bela
quando a única coisa
que me veste
é a liberdade.

Não tenho pressa em dormir...
Descanso meus olhos,
mas meus ouvidos, atentos,
debruçam-se sobre tuas palavras.
Tudo o que disseres me fará entorpecida,
enquanto conto as estrelas
do céu da tua boca.

Te grito
de quatro
membros:
meu tesão
é livre,
mas se curva
e se derrama
em cima
de qualquer
suspeita
doce e ébria
do teu nome.

Saiba
que eu soube
ser tua
da sola da realidade
até o topo
do que eu não sei nomear.
Saiba que o amor
aleijou meus instintos
de sobrevivência.
O amor,
esse distraído,
teimoso,
devoto
dos teus olhos
cor de cura.
Saiba que meu corpo
te cultuou
nos bares sujos,
nos dias empoeirados,
na ânsia
por testemunha ocular
das ternuras ocultas dos dias.
Saiba, por favor,
que velar tuas células
é assistir, sóbria,
ao enterro monossilábico e seco
de todas as partes de mim
que são mais inteiras
e ainda pulsam.

Talhados na memória da pele,
o gosto do teu cio,
os líquidos que me a(s)cendem os sentidos.
Bebo de ti.
Do útero à axila.
Busto, mundo, volume.
Buceta na sombra
e liberdade aos pardais selvagens.
A delicada rudeza
das nossas sinfonias
terrenas.
Me descreve, baixinho,
pelo que têm implorado
as tuas células.
Só vão aos céus as carnes que pecam.

com Bruno Autran Pereira

Insuportável é o teu modo
de não bagunçar as coisas
quando elas mais precisam
do estrago.
Vê se me arruma um colchão velho,
uns três dedos de cachaça
e vamos dissolvendo as máscaras
até que sejamos
apenas duas faunas entregues.
Nesse momento
eu espero
que tu sejas
nas minhas costas
um selvagem escafandrista
e que me salve
dessas tempestades anímicas
com teus dedos doces
que adormecem
todos os miasmas.

com Ithalo Furtado

Sempre haverá um homem
espreitando por detrás da janela
dos olhos,
te cobrindo
com todas aquelas etiquetas
minúsculas e limitantes
que tu lutas, diariamente,
para não deixar grudar
na epiderme

Um homem pressupondo
que tu ignoras
as teorias psicanalíticas
que envolvem o luto
tão presente nos fonemas
cuidadosamente somatizados
em corpo de poema
ao teu pai

Um homem medindo
a veracidade das tuas palavras,
o tamanho dos tecidos que te protegem do frio,
a espessura, cor e quantidade
da flora
que tu decides
cultivar em teu corpo

Um homem amarrando
relações em cima do medo

de um punho cerrado
levantado contra os teus desejos
ou de algo mais meticuloso
e silencioso
que não costuma te parecer errado
mas, tampouco, certo

Um homem povoando
teu cotidiano
ou imaginário,
contaminando
com pragmatismo
teus ritos vermelhos mensais
de morte e de vida

Um homem tentando
nomear o que é sopro,
conter o que transborda,
replicar aquilo que só é capaz
de se multiplicar
em paredes
uterinas

Sempre haverá um homem
escondido embaixo da saia,
uma criança
brincando de se camuflar
em luzes
não cultivadas

pelas próprias mãos
numa tentativa de fingir
que aguenta sustentar
e curar
as dores do mundo
da mesma forma
que sempre soube fazer
uma mulher.

IV. TERRA

Estas asas
que nem sempre me levam
aonde eu quero,
me ensinam sobre cultivar
os pés no chão
até que eu entenda
do que preciso.

Revisitar memórias sísmicas,
amputar metáforas adormecidas,
costurar rasgos latentes
e forjar constelações
com o brilho ocular.

Que os rituais
cuidem de arrancar
as peles mortas,
realinhar prioridades
e fazer nascer lírios
do que em nós
já nem mais alimentava
familiaridade
com os raios de sol.

Sei que uma década
já te pesa
mais do que deveria
e muito mais do que
teus ombros de criança
sabem suportar.
Sei que te encanta
e te assusta
o mundo,
porque também o tenho visto
com os mesmos olhos sensíveis.
Sei que há náusea,
desconforto,
pânico,
angústia
e medo,
muito medo.
E eu queria poder te dizer
que isso tudo um dia passa.
Mas não passa.
A gente é que vai aprendendo
a enganar as horas,
a organizar em manias,
a sublimar na arte,
a dançar na chuva,
a colorir o cimento
e a confiar que,

se permitirmos,
o que é bom
também pode ocupar
um espaço gigante.
Me deixa segurar
tua mão e te mostrar
que os amanhãs
precisam de ti?

O amor tem dessas coisas
de romper membranas,
amortecer angústias
e fazer dançar
as entranhas.
O amor tem dessas coisas
de alucinar varandas
onde a cada dia
o sol toca de um jeito.
O amor tem dessas coisas
de emprestar equilíbrio
ainda que nada
nos segure
pela mão.

O amor
não é
o que abre as janelas,
mas o que permanece
ao nosso lado
drenando os fantasmas
e catalisando
as primaveras
até que a luz
volte a entrar.

Escuta bem
o eu que trago
aqui dentro,
e deixa eu me demorar
no que em ti
ainda não é palavra.
A gente
se lê,
se escava,
se decifra,
e, sem perceber,
traça novos motivos
para sorrir amanhã.

Das coisas que sei
quando fecho os olhos
e ouço o silêncio:
só com amor
se cruza as fronteiras
do ego
e estanca o que dói
lá no íntimo.
Só do amor
nasce
o que reorganiza,
dá sustento
e faz florescer.

Cuido
da criança
que fui
para que ela continue
aqui
esmiuçando o mundo
e me ensinando
a ser grande.

Aos poucos
evoco o meu lar
e reaprendo
a me nutrir
do que é perene.

Me refugio
nas palavras.
É seguro, aqui,
onde eu não me abrevio
para caber;
não me moldo
para pertencer;
onde somos só
eu
e meus olhos
sedentos
por ternura.

Vivo inteiramente meus momentos
de calmaria,
mas também há pressa.
Pressa por pertencer ao que me toca e expande,
por ser capaz de oferecer escuta
a essa voz interna que martela
sonhos,
por me flagrar pronta para contornar o que me dói os ombros
e me saber andante em direção ao que me cura a alma.

Que o amor seja,
dentre todas as coisas,
um constante desabar de muralhas,
um convite aos pés descalços,
uma certeza que nos aproxima de nós mesmos
e é solo fértil aos milagres.

Amigo,
caminhar ao teu lado
é aumento de bagagem
que diminui o peso dos ombros;
é sorriso que brota nos dias cinzas
a cada vez que a cumplicidade
faz da dor poesia.

O que eu chamo de amor
é o cuidado espontâneo com as tuas feridas;
é quando, por ser capaz de sentir no meu próprio peito
aquilo que machuca o teu,
empresto o que em mim for esperança,
para, de mãos dadas, driblarmos a dureza dos caminhos.

Mãe, eu sei que o passado ainda dói. Sei como é longo e dolorido o processo de cortar as raízes que nos machucam, pois, por vezes, elas são as mesmas que ainda nos mantêm em pé.

Eu sei que às vezes tudo se torna pesado. E que nos ensinaram que a leveza vem de dentro. Mas dentro é um lugar que nem sempre estamos dispostos a visitar e observar com calma. Sabemos que essa viagem nos desorganiza ainda mais antes de vir a ser cura.

Assim, mãe, todos buscamos muletas. Suportes adicionais que comportem o peso das nossas dores. E a gente continua. Mais devagar do que antes, mas continua. Não tocamos no que julgamos insuportável, porém nossas mãos se resignam a nunca mais alcançar as estrelas.

Mas tem horas que a gente se distrai do medo, sabe? Tem horas que a nossa essência grita. Berra. Com sede de andar de balanço. De tirar os pés do chão. De se sujar na areia. De cair e esculpir novos hematomas, só pra te ver sorrir de alívio ao testemunhar mais uma vez a capacidade ainda viva de se permitir curar.

E sempre que esse ímpeto, que essa lucidez, tomarem conta de ti, mãe, eu vou estar aqui.

Vou estar aqui para te lembrar, quantas vezes for preciso, que, até aqui, tu fizeste o melhor que pôde. Para que culpa nenhuma te impeça de sonhar.

Vou estar aqui como testemunha da tua força. Como a legitimação viva da tua história.

Daremos as mãos e saberemos, silenciosamente, até onde podemos voar. Afinal, compartilhamos as mesmas raízes.

Depois do útero,
me parece que o lugar mais seguro
a nos preparar para a vida
é dentro de um abraço.

Serei gentil com meus tropeços;
Darei colo e vazão às angústias;
Reacostumarei minhas células com a textura das asas.

Quero me agarrar aos momentos em que transbordo lucidez
e usá-los como lembrança
de que sou carcaça de uma alma
que não precisa de muito
para dar luz à constelações.

Que os caminhos sejam abertos e seguros
para que possam circular livremente
todas as mulheres que me habitam.

Essa outra
que me habita
e que nem sempre
é ouvida
é a que rouba
e tece
o sentido dos dias;
a que chora oceanos
e gargalha por miudezas;
a que mantém os pés no chão
enquanto coleta seiva bruta
para voar.

De todos os compartimentos invisíveis de energia que carrego,
ainda é a certeza de que sempre poderei vestir o mundo de palavras
que preserva a ternura dos meus passos.

A literatura me salva.

as palavras no intelecto
ora testando
ora sufocando
os sentidos
as palavras nos olhos
madrugando
e fazendo riachos
do que já não há
as palavras no útero
contornando miasmas
e cerzindo
amanhãs
as palavras no estômago
triturando epígrafes e devolvendo
num sopro sagrado
todos os alicerces

aos que respiraram, choraram, incendiaram e assentaram um pouco
melhor a vida

depois das minhas palavras,

obrigada.

ÍNDICE DE PRIMEIROS VERSOS

III. Fogo

www.laranjaoriginal.com.br

Edição	Filipe Moreau
Projeto gráfico	Marcelo Girard
Produção executiva	Bruna Lima
Diagramação	IMG3

Dados Internacionais de Catalogação na Publicação (CIP)
(Câmara Brasileira do Livro, SP, Brasil)

Pinheiro, Patricia
    Quadripartida : poemas / Patrícia Pinheiro ;
ilustrações Marcos Garuti. – 2. ed. – São Paulo,
SP : Laranja Original, 2021. – (Poesia Original ; 1)

    ISBN 978-65-86042-23-8

    1. Poesia brasileira I. Garuti, Marcos
II. Título. III. Série.

21-76901   CDD-B869.1

Índices para catálogo sistemático:
1. Poesia : Literatura brasileira   B869.1
Eliete Marques da Silva - Bibliotecária - CRB-8/9380

Laranja Original Editora e Produtora Eireli
Rua Capote Valente, 1.198
05409-003 São Paulo SP
Tel. 11 3062-3040
contato@laranjaoriginal.com.br

Papel Pólen 90g/m² / *Impressão* Forma Certa / Setembro 2021